À CLOCHE-GOUTTE

Laurence Dupont

À CLOCHE-GOUTTE

Comptines poétiques

Loi n°49-956 du 16 juillet 1949 sur les publications destinées à la jeunesse, modifiée par la loi n°2011-525 du 17 mai 2011.

© 2022 Laurence Dupont

Édition : BoD – Books on Demand
Impression : BoD - Books on Demand, Norderstedt, Allemagne

Illustration couverture : Justine et Flavien Dupont

ISBN : 978-2-3221-5518-7
Dépôt légal : Mai 2022

À mes enfants,
à ces instants précieux qui précédaient l'heure du dodo.
Pour chaque histoire contée, chaque chanson fredonnée.
À mes petits enfants.

LA PLUIE	9
LE BAL	11
BLANCHE	13
LE PHARE	15
MON VILLAGE	17
PETITE BULLE	21
SIRE ARTHUR	23
LE SOMME	25
CATALINA Y LORENZO	27
CATALINA Y LORENZO version française	29

LA PLUIE

À cloche goutte elle sautille
Suivant sa route, suivant le vent
Sur les joues elle scintille
La pluie est une drôle d'enfant.

Et elle file de ville en ville
Par-dessus les ponts et les toits
Se laisse glisser le long des tuiles
En faisant claquer ses doigts.

À petits pas elle trottine
Suivant le gré de ses envies
Elle fait chanter les bottines
La pluie est une drôle d'amie.

Et elle court de cœur en cœur
À faire rougir les parapluies
Elle écoule son bonheur
Jusque dans le fond des puits.

À toutes jambes elle se presse
Rythme ses pas sur le carreau
Puis change encore et sans cesse
La pluie est un drôle d'oiseau.

Et elle chante la nuit le jour
Ses jolies mélodies d'amour
Clapotant sur les patios
Ses fines perles d'eaux.

À pas de loup elle cesse
Quand le soleil lui dit tout bas
C'est à mon tour ma princesse
La pluie ne lui résiste pas.

LE BAL

Les violons s'étirent
Le soir s'invite
Plaintes magnifiques
Effleurent ton sourire.

Libres les notes
Flottent et s'élèvent
Leurs bouches chuchotent
Entre dans mon rêve.

Les violons donnent
Les cœurs s'emballent
Papa fredonne
La nuit s'installe.

Dansent les corps
Chantent les rires
Tes yeux encore
Veulent retenir.

Les violons toujours
Sur la piste enlacent
Tu t'endors mon amour
Dans une dernière valse.

BLANCHE

Là-haut dans le bleu du ciel
Blanche je te vois
Mes yeux quittent à peine le sommeil
Et c'est toi que j'aperçois.

Dans le matin qui s'éveille
Mille éclats de voix
Les chants qui s'élèvent vers le soleil
C'est encore toi que je vois.

Un ballet de doux nuages
Dansent et voilent ton visage
Et pourtant de ta lumière
Je te sens qui nous éclaire.

Dans le matin qui s'éloigne
Mon sourire t'accompagne
Je sais que tu reviendras bientôt
Pour veiller sur mon dodo.

Là-haut dans le bleu du ciel
Blanche tu souris
Aujourd'hui tu sembles encore plus belle
Tu vois comme j'ai bien dormi.

Le jour lentement s'étire
Douce Blanche tu es là
Je vais bientôt m'endormir
Si tu restes auprès de moi.

Un ballet de doux nuages
Dansent et voilent ton visage
Et pourtant de ta lumière
Je te sens qui nous éclaire.

Là-haut dans une nuit d'étoiles
Grâce Lumineuse !
Dans mon cœur tu rayonnes sans égale
Au clair de lune Ô ma Précieuse...

LE PHARE

Petite main dans la mienne
Un dernier tour sur le port
Viens mon cœur je t'emmène
Ne pleure plus petit trésor.

Là, au bout du chemin
Bleu blanc, le phare te sourit
Il rappelle les marins
Les bateaux qui glissent sans bruit.

La caresse saline
Du soir, souffle dans ton cou
Les mots doux qui câlinent
Les mots doux qui font tout.

Oui bien sûr au dehors
Par les rues, sur le sable
L'été court, danse encore
Pourquoi être raisonnable.

Là, au bout du rocher
Bleu blanc le phare te sourit
Sa lumière bien rythmée
Entonne sa chanson de nuit.

La caresse saline
Du soir souffle sur ta joue
Les mots doux qui câlinent
Les mots doux qui font tout.

La caresse de ma main
Te souffle à demi-mots
Les bateaux, les marins
Rentrent aussi faire dodo.

MON VILLAGE

Jai vu Monsieur Henri
Courir sous la pluie
Courir après son chat
Sans chapeau ni parka.

J'ai vu Madame Denise
Oubliant sa valise
Courir après son train
Parapluie à la main.

*Touloulou touloulou
Ils sont tous un peu fous
Les gens de mon village
Et pas toujours très sages.*

J'ai vu Monsieur Arthur
Sortir sans ses chaussures
Le nez dans les nuages
Comme s'il allait à la plage.

J'ai vu tout près d'la gare
Danser Monsieur Richard
Debout sur sa grosse malle
Comme s'il était au bal.

*Touloulou touloulou
Ils sont tous un peu fous
Les gens de mon village
Et pas toujours très sages.*

J'ai vu Monsieur Bruno
Réparer son vélo
En chantant à tue-tête
Un air sans queue ni tête.

J'ai vu la boulangère
Repeindre sa barrière
Avec pour tout pinceau
Un drôle de p'tit râteau.

*Touloulou touloulou
Ils sont tous un peu fous
Les gens de mon village
Et pas toujours très sages.*

J'ai vu Madame Claudine
Voler les clémentines
Dans l'arbre du père Edouard
Oh la la quelle histoire !

J'ai vu Monsieur André
Revenir du marché
Sautillant à pieds joints
Son panier à la main.

*Touloulou touloulou
Ils sont tous un peu fous
Les gens de mon village
Et pas toujours très sages.*

J'ai vu Madame Gisèle
Recouvrir de dentelle
Le toit de son auto
Oh la la que c'est beau !

Demain c'est samedi
Ma grand-mère se marie
Tout le monde sera là
Même Henri et son chat.

*Touloulou touloulou
Sûr qu'ils sont un peu fous
Les gens de mon village
Fous, heureux et sans âges...*

PETITE BULLE

Petite bulle tu t'envoles
Mais où donc crois-tu aller ?
Vers quel monde jolie folle
Dans quel pays insensé ?

Chaque matin la même histoire
Moi je t'appelle et toi tu pars
Je te promets qu'un beau jour
J'te tiendrai pour toujours.

Je te regarde qui t'élèves
Maintenant jusqu'au plafond
Et le rire nourrit mon rêve
De t'attraper pour de bon.

Chaque matin la même histoire
Moi je t'appelle et toi tu pars
Je te promets qu'un beau jour
J'te tiendrai pour toujours.

Fine bulle insaisissable
Tu suis ton fil de savon
Alors moi je crie au diable
De te mettre au diapason.

Tu es parvenue si haut
Que te voici qui reviens
Qui te pose à demi-mot
Là, dans le creux de ma main.

Chaque matin la même histoire
Moi je t'appelle et toi tu pars
Je te promets qu'un beau jour
J'te tiendrai pour toujours.

Mon souffle doux qui t'effleure
Sylphide légère te voici
Je te touche à peine mon Cœur
Que déjà loin tu t'enfuis.

SIRE ARTHUR

Sire Arthur, bébé Roi
Sur son trône ne veut pas
Ni pipi, ni caca non !
Dans sa couche c'est si bon.

Sur sa chaise petit Arthur
Manger oh ça il veut bien
Mais sans cuillère oui bien sûr
C'est si bon avec les mains !

C'est quand même pas si banal
D'être tombé sur cette planète
Où tout c'qui paraît normal
Parfois Arthur ça l'embête.

Sa Majesté dans son bain
Bienheureux ouvre les bras
Et de son rire cristallin
Inonde tout de haut en bas.

Voici l'heure de la balade
Sire Arthur bien installé
Sourit à qui le regarde
Dans son vieux carrosse anglais.

C'est une bien belle aventure
De grandir sur ce royaume
Se dit le p'tit Roi Arthur
Tout en se frottant les paumes.

Le soir quand vient le sommeil
Son Altesse sourit encore
En écoutant les merveilles
Qui l'emportent jusqu'à l'aurore.

Il se plonge avec délices
Dans ses rêves le chérubin
Un beau jardin de malices
Avec l'amour pour gardien.

C'est tout d'même une sacrée veine
De s'éveiller chaque matin
Dans les bras d'une sirène
D'un papa tendre et câlin.

LE SOMME

C'est en écoutant l'automne
Aux couleurs dorées
Ses petites notes qui résonnent
Que s'endorment les bébés.

*Le somme est comme un ruisseau
Calme et limpide,
Le somme est comme un cours d'eau
Qui berce même les plus intrépides.*

C'est dans les bras de l'hiver
Ses lueurs bleutées
La chaleur de ses lumières
Que s'endorment les bébés.

*Le somme est comme un ruisseau
Calme et limpide
Le somme est comme un cours d'eau
Qui berce même les plus intrépides.*

C'est sous le chant du printemps
Ses jardins sucrés
Ses senteurs de lilas blancs
Que s'endorment les bébés.

Le somme est comme un ruisseau
Calme et limpide
Le somme est comme un cours d'eau
Qui berce même les plus intrépides.

C'est dans la ronde d'été
Ses bals enivrants
Ses doux secrets murmurés
Que s'endorment les enfants.

Le somme est comme un lagon
Qui protège sans bruit
Au fil de chaque saison
Le sommeil de nos petits.

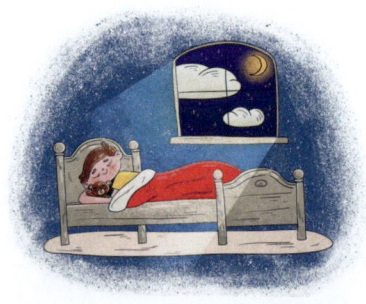

CATALINA Y LORENZO

Te voy a contar niño
Un cuento maravilloso
Te voy a leer niña
Una bella historia.

Escucha bien cariño
Y cierra tus ojos
Escucha bien cariño
El secreto de dos amigos.

Se trata de la luna
Que se llama Catalina
Y del sol su amado
Que se llama Lorenzo.

Se dice que, la primera vez
Que los dos se vieron
Las estrellas por millones
En el cielo nacieron.

Cada día Lorenzo
Cuando duerme Catalina
Alumbra el camino
Pensando en su bella.

Escucha bien cariño
Y dame tu mano
Escucha bien cariño
El secreto de dos amigos.

La noche Catalina
Cuando duerme su vecino
Entre las nubes canta
Te quiero Solecito.

Se dice que, al amanecer
Ambos se acercan
Se dice que, al anochecer
Por un momento bailan.

CATALINA Y LORENZO
Version française

Je vais te narrer mon enfant,
Un conte merveilleux.
Je vais te lire petite fille,
Une très belle histoire.

Écoute bien mon chéri,
Et ferme tes yeux.
Écoute bien ma chérie,
Le secret de deux amis.

Cette histoire parle de la lune,
Elle s'appelle Catalina,
Et du soleil, son bien-aimé
Qui s'appelle Lorenzo.

Il se dit que, la première fois,
Que tous deux se virent
Les étoiles par millions,
Dans le ciel naquirent.

Chaque jour Lorenzo,
Quand dort Catalina,
Allume le chemin
En pensant à sa belle.

Écoute bien mon chéri,
Et donne moi ta main.
Écoute bien ma chérie,
Le secret de deux amis.

La nuit Catalina,
Quand dort son voisin,
Entre les nuages elle chante,
Je t'aime petit soleil.

Il se dit qu'au lever du jour,
Tous deux se rapprochent,
Et qu'à la tombée de la nuit,
Pour un instant, ensemble ils dansent.